AF560971

CAHIERS

DES

COLONS

DE

L'INDO-CHINE

HANOI
IMPRIMERIE DE L'AVENIR DU TONKIN
— 1907 —

CAHIERS

DES

COLONS

DE

L'INDO-CHINE

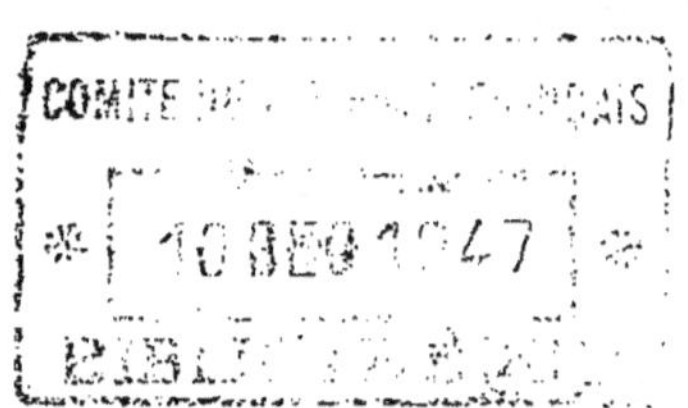

HANOI

IMPRIMERIE DE L'AVENIR DU TONKIN

BIBLIOTHEQUE NATIONALE
R.F.
IMPRIMES

PREMIÈRE ASSEMBLÉE GÉNÉRALE
DES PLANTEURS DU TONKIN

Procès-Verbal

Lundi, trois Septembre mil neuf cent six, les Planteurs du Tonkin, dûment convoqués par lettres individuelles, se sont réunis dans la salle des séances des Chambres d'Agriculture et de Commerce, Avenue Borgnis-Desbordes, 31, à Hanoi, à huit heures et demie du soir.

Soixante-sept Colons avaient répondu à l'appel du comité d'initiative.

Trente-six étaient présents ; trente et un étaient dûment représentés.

Le bureau est constitué de la façon suivante :

MM.	Chesnay.	*Président* ;
	Courret	*Assesseurs* ;
	Charles Guillaume	—
	Schaller.	*Secrétaire* ;
	Rouet	*Secrétaire-Adjoint.*

M. le Président remercie l'Assemblée de sa confiance.

Il donne lecture de l'exposé de la situation faite en Indo-Chine aux Planteurs, dans les termes suivants :

Messieurs,

Si nous avons pris l'initiative de vous demander de venir ce soir, c'est après avoir acquis la certitude que cette réunion était nécessaire.

Les lettres que nous avons reçues nous démontrent que tous isolément nous avons à nous plaindre des mêmes inconvénients et qu'attendre plus longtemps c'est s'enliser davantage.

Une première consultation aidera à donner le programme qu'il faut adopter pour défendre nos intérêts mais il sera nécessaire d'avoir une seconde et peut être une troisième réunion.

Vous savez tous, Messieurs, dans quelles conditions la colonisation a débuté dans ce pays ; la pacification n'était pas encore achevée que les premiers colons n'hésitèrent pas à s'installer loin dans la brousse. Nous ne savions pas certainement ce que l'on ferait pousser, mais, d'après les discours, les rapports de toutes les personnes qualifiées à cette époque pour le déclarer, nous n'avions que l'embarras du choix. Car on ne manquait jamais d'indiquer dans la colonie et dans la métropole que tout poussait au Tonkin et que la main d'œuvre la plus docile y était pour rien.

Le Jardin Botanique qui venait de se créer à Hanoi avait constitué un échantillonnage de toutes les plantes et les premiers colons suivaient attentivement ces tentatives. Par ailleurs on offrait des terres et, au fur et à mesure que l'on pénétrait dans le pays, on s'apercevait qu'il y avait de grands espaces libres propres à la culture. Le Gouvernement les offrait et faisait à cette époque tous ses efforts, nous devons le reconnaître, pour l'installation des colons.

A Paris même, en 1894, un ministre, M. Delcassé, adressait aux Gouverneurs des Colonies une circulaire prescrivant de quelle façon les colons devaient être encouragés. Voici ce que disait cette circulaire :

« Le Parlement, le pays, ont compris la nécessité, les dépenses considérables qu'exigeait l'accomplissement de l'expansion de la France à l'étranger.

« Il reste aujourd'hui à justifier les sacrifices du passé et ceux que réserve l'avenir par les résultats qui seront obtenus. »

« Mettre en valeur les vastes territoires qui nous sont acquis ; y créer des exploitations agricoles ; développer la force productive des colonies et par cela même accroitre les relations commerciales avec la France. Dans cette œuvre, le rôle principal appartient à l'initiative privée, mais l'initiative privée a besoin d'être encouragée et soutenue par le Gouvernement et ses agents. C'est sur cette question si délicate et si importante des relations entre l'Administration et les Colons que je tiens à appeler, d'une façon toute particulière, votre attention.

« On a dit fréquemment que la France n'avait que des colonies de fonctionnaires et de soldats. On s'est plaint et on se plaint encore de l'accueil peu encourageant que reçoivent aux colonies ceux de nos concitoyens qui veulent s'y installer ; des difficultés, des vexations de toute nature qu'ils rencontrent ; des entraves qu'apporte au développement des affaires une réglementation routinière et trop fiscale ; on oppose volontiers à l'attitude de nos fonctionnaires celle des représentants des pays étrangers, toujours empressés, dit-on, à soutenir les intérêts de leurs nationaux, à faciliter leurs entreprises. Mais tout en restant fidèlement attachée à son devoir professionnel, j'estime que l'Administration peut et doit se considérer comme l'auxiliaire et la protectrice désignée des hommes de bonne volonté qui consacrent leur énergie, leurs forces et leurs capitaux à la mise en valeur de notre domaine d'outremer. »

« L'Administration doit avoir à cœur de les aider, de les renseigner, de leur faciliter leur tâche, de briser des entraves que des règlements trop étroits, des préjugés, la routine ou de fausses considérations fiscales peuvent encore opposer au développement et à la vie même des entreprises naissantes. »

Après de pareilles promesses n'avions nous pas le droit d'avoir confiance, et c'est pénétrés de ces idées que nous nous mimes à l'œuvre. »

Si l'on se reporte au début de la colonisation agricole, on remarquera que toutes les premières installations ne se créaient que dans le but d'entreprendre des cultures riches ; c'est-à-dire que les demandes de concessions ne portaient que sur des surfaces restreintes.

Malgré les efforts des uns et des autres, ces premiers efforts, vous le savez, ne réussirent pas ; mal renseignés et, il faut l'avouer, nullement préparés que nous étions à ces nouvelles, cultures rien n'aboutit.

C'est un reproche que l'on nous adresse assez souvent ; nous n'étions pas préparés à ce que nous allions entreprendre. C'est parfaitement exact mais ce reproche est injuste et n'est pas mérité. Le Gouvernement lui-même, peu et même pas du tout renseigné sur les plantations que l'on pouvait entreprendre, nous engagea dans la création de ces premières cultures. N'avons-nous pas tous planté du café, du coton, du manioc, du ricin, de l'abacca, etc.

Ces premiers essais n'aboutissant pas, les indigènes qui étaient à notre services, nos voisins dans la campagne tonkinoise,nous expliquèrent qu'il y avait une culture plus simple et plus sûre à entreprendre: celle du riz.

Nous étions installés; il fallait bien continuer, c'est à cette époque que nous arrivons au métayage,

Cette deuxième phase de l'époque agricole a failli réussir; indigènes et colons s'en trouvaient bien, mais comme il fallait de grands espaces pour mener à bien ces entreprises, le Gouvernement local s'inquiéta de voir s'installer dans toutes les provinces des colons prenant de l'influence et capables de s'enrichir.

On vit de suite une série de petits états et dès cet instant la guerre au métayage fut déclarée. Les privilèges dont nous jouissions — si l'on peut s'exprimer ainsi — furent restreints, entama et l'on réduisit notre influence, nos moyens d'action. Tout cela n'était encore rien, on pouvait se reprendre; les Résidents des provinces malgré tout nous aidaient; si leur sollicitude n'était pas constante pour tous, ils ne pouvaient nier nos efforts et l'essor que nous avions apporté dans la reconstitution des villages, et lorsque des conflits se présentaient, on trouvait auprès d'eux le moyen de règler les différents qui se produisaient,

Le métayage peuvait subsister et avec ce système, le seul possible, la reconstitution de plantations nouvelles.

Les parties les plus fertiles du Tonkin; celles sur lesquelles les cultures riches peuvent être établies sont, vous le savez, entièrement dépeuplées, si vous voulez constituer une plantation il vous faut d'abord amener et fixer des indigènes, il faut donc pourvoir à leur subsistance; la mise en valeur des rizières s'impose certains planteurs ne procèdent pas autrement et s'ils abandonnent à ces indigènes le produit des rizières ils demandent une rémunération de leurs avances et du produit des rizières en travail; c'est donc une forme de métayage.

Ceci dit pour bien démontrer qu'avec les indigènes il n'y a pas d'autre forme de contrat à employer. D'ailleurs ce fameux contrat de métayage tant discuté,n'est il pas le contrat annamite lui-même,pratiqué depuis des siècles par les indigènes. Les Planteurs n'ont rien inventé,ce contrat nous a été enseigné par la pratique et la connaissance du pays, par les Annamites eux-mêmes:

M. de Lanessan pendant toute la durée de son Gouvernement n'a pas cessé de prodiguer les encouragements les plus marquants à tous les colons il avait remarqué le contrat de métayage, il a assisté à la naissance des grandes concessions, il en était partisan.

Le général Galliéni, alors commandant de territoire à Lang-Son, n'a pas cessé de favoriser les entreprises de ce genre.

Enfin M. Rousseau, lors de la discussion du premier emprunt de 80 millions. n'a pas craint de dire à la Chambre (séance du 25 janvier 1896),

« Vous ne demandez qu'elle part appartient aux Européens et quelle
« part aux Indigènes mais je n'ai jamais présenté le Tonkin comme une
« colonie de peuplement, c'est une colonie d'exploitation. Il est certain
« que c'est, pour une très large part, la richesse de l'indigène qui se
« développe progressivement sous notre Administration.

« Il y a d'ailleurs des colons français qui savent utiliser la main d'œu-
« vre indigène et entreprendre des opérations agricoles à l'aide de cette
« main d'œuvre.

« Vous me dites: le Tonkin ne produit que du riz,

« Quand même ce serait vrai, ce serait déjà beaucoup, la prospérité
« de la Cochinchine, qui est un fait acquis, repose sur la culture du riz

. . . .

. . . .

« Les colons arrivent avec un certain capital; j'estime en effet que les colons, qui partent de France, auraient tort d'aller là bas sans capital.

« Un fois arrivés, ils achètent des buffles, ils construisent des cases ils
« appellent des indigènes dans des rizières qui ont été abandonnées ou
« dans des terrains suceptibles d'être transformés en rizières. Ces indi-
« gènes passent avec eux un contrat qui est une sorte de métayage.

« Sur deux récoltes annuelles, l'indigène donne la motié de la première
« au colon il garde l'autre moitié et la seconde entière pour lui.

« Nous avons des installations qui prospèrent dans ces conditions.

« Je crois que c'est un des types d'exploitations agricole qui ont le
« plus l'avenir au Tonkin et qu'il faut le plus encourager.

Voilà ce que disait à la Chambre du Gouverneur Général Rousseau et c'est dans la même séance que le premier emprunt fut voté.

M. Doumer favorisa aussi les entreprises agricoles: c'est sous son Gouvernement que les plus grandes concessions demandées furent accordées.

Mais quelques mois après un décret forgé dans les bureaux de Paris nous apprit que tous les différents entre Français et indigènes seraient juges d'après les lois françaises,

On ne s'aperçut pas tout d'abord de ce que pouvait produire cette nouvelle règlementation. Peu à peu les choses se précisèrent et ce fut le commencement de la déroute sur les exploitations agricoles Depuis quatre ans nous nous enlisons à tour de rôle, chacun a fait l'essai désastreux de l'application de la justice française aux indigènes.

Le Gouvernement s'en émut, le Chef de la Justice a été étonné des malheureux résultats obtenus, mais le décret subsiste et les exploitations agricoles les plus prospères ont périclité en quelques années.

Les indigènes ont profité du désarroi dans lequel nous nous sommes trouvés et ils se sont parfaitement rendu compte des avantages que leur créait cette nouvelle législation. Non seulement ils ont emporté les outils, les semences, les avances et les bestiaux, mais des groupes se sont formés et revendiquent aujourd'hui les terres qui nous ont été accordées.

Il est certain qee beaucoup de ces terres abandonnées avaient autrefois des propriétaires; mais lorsque les colons les demandèrent et que le Gouvernement les leur accorda les deux parties étaient de bonne foi. Les revendications des indigènes peuvent être justes et l'on parait disposé à les écouter, Beaucoup de concessions se trouvent encore dans ces conditions et l'on peut affirmer que ce sont les mieux outillés au point de vue main d'œuvre puisqu'elles sont occupées réellement par les anciens habitants.

Ces indigènes refusent aujourd'hui, que tout est remis en valeur, de payer les redevances. ils prétendent que les terres sont leur propriété. Ils entretiennent ainsi un état de trouble absolument nuisible sans que les propriétaires puissent agir utilement contre eux.

Il empêchent les métayers étrangers de s'installer et ils entravent en un mot tous les efforts de mise en valeur.

La législation actuelle ne permet plus à un Résident d'intervenir.

Il n'a pas le droit de le faire et toute réclamation contre un indigène quelconque doit passer, vous le savez, par la filière compliquée de la justice. Si cet état de choses doit durer, il serait préférable, dans certains cas, de restituer les terres aux indigènes.

Il y a cinq ans, est-ce qu'un seul de nous aurait songé à cette solution de restitution ou de rachat ?

A cette époque nous n'avions pas de difficultés, nos redevances rentraient, nos greniers étaient remplis et l'on songeait seulement à en construire de plus grands.

C'est pour examiner les moyens de faire cesser cet état de choses que nous nous sommes réunis. Le Gouvernement actuel s'occupe peu de nous et, si nous ne réunissons pas nos efforts, nous sembrerons les uns après les autres.

Le pays évolue plus vite qu'on ne le pensait et, si entrepris, les grands Travaux Publics ont marché à pas de géants, il faut constater et déplorer que les questions agricoles ont été négligées par le Gouvernement.

On a mis vingt ans à s'apercevoir que rien n'avait été préparé pour la colonisation agricole méthodique et certaine. Les Services de l'Agriculture viennent de naître et au lieu de voir les colons aller puiser leurs renseignements auprès des Services compétents de la colonie, ce sont les agents qui profitent des expériences faites par des colons.

On nous dit souvent : les colons n'ont pas réussi parce qu'ils n'étaient pas préparés à ce qu'ils allaient entreprendre. Mais si les choses s'étaient passées régulièrement et méthodiquement, les premiers colons devraient seulement se mettre en route pour le Tonkin. Déjà renseignés par les bureaux de Paris, ils sauraient les uns et les autres qu'ils trouveraient dans telle zône des terres propres à la culture du café, ou de toute autre plante.

A leur arrivée dans les bureaux de la Colonie on leur montrerait des lotissements de terres qu'ils n'auraient qu'à choisir, et où ils n'auraient qu'à s'installer. On leur dirait que pour planter un hectare de café il faudrait dépenser tant et que les récoltes moyennes sont de tel rendement

C'est ainsi que cela devrait se passer et lorsque l'un de nos Directeurs d'Agriculture actuel dit : « Des colons, il ne devrait pas encore y en avoir, nous ne sommes pas préparés à les recevoir », il a grandement raison.

Mais les choses ne sont pas autrement : nous sommes venus 15 ans trop tôt, nous avons débroussaillé, fait le coup de feu construit des ,routes cultivé des plantes qui n'ont pas poussé, mais nous avons résisté nous avons voulu coloniser dans toute l'acception du mot. Pour s'en convaincre il n'y a qu'à visiter nos installations ; nous voulons y vivre, y rester, y élever nos enfants et l'on ne doit pas pour une erreur de règlementations nous faire disparaitre, nous sommes en danger et nous avons besoin d'être secourus sans retard.

L'Assemblée s'associe à l'unanimité à cette déclaration.

M. Rouët communique à l'assistance un long télégramme émanant d'un groupe de Planteurs établis en Cochinchine, déclarant s'associer à la campagne de revendications ouverte par leurs compatriotes du Tonkin.

Applaudissements.

Les Planteurs de la Cochinchine, de l'Annam, du Cambodge et du Laos sont priés de joindre leurs efforts à ceux des Colons du Tonkin, en vue d'obtenir toutes les améliorations et toutes les garanties nécessaires.

M. Courret développe successivement chaque article du programme proposé aux Planteurs et composé de douze vœux. Adopté à l'unanimité.

M. Roüet propose le vœu suivant : que le Conseil supérieur de l'Indo-Chine soit réorganisé sur les bases des Délégations financières Algériennes.

Adopté à l'unanimité.

L'Assemblée décide ensuite que ces vœux seront soumis à la Chambre d'Agriculture du Tonkin, pour être transmis, après son approbation, au Gouvernement local.

L'ordre du jour appelle l'examen de la question du rachat des Concessions.

Après une discussion à laquelle prennent part presque tous les assistants, sur la proposition de M. de Lamotte, l'Assemblée adopte à l'unanimité la motion suivante :

A l'unanimité, les Colons réunis demandent aux Pouvoirs publics de faire droit dans les délais les plus courts possibles aux vœux ci-dessus exprimés.

Ils font observer que faute d'obtenir satisfaction pour ces points, toute colonisation devient impossible ; que la plupart de ces vœux, notamment celui qui concerne la révision du système judiciaire, ne tendent à autre chose qu'au retour d'une situation autrefois existante ; que c'est précisément à la faveur de la situation passée que les Colons se sont établis sur les concessions, qu'ils ont consacré à leur mise en valeur des capitaux considérables et ont ainsi fortement aidé à la pacification.

Que, si ces vœux n'étaient point pris en considération, ils se verraient acculés à la ruine et contraints d'abandonner leurs exploitations, se croiraient fondés à réclamer du Protectorat le dédommagement qui leur serait dû pour la non application du régime en vigueur lors de leur premier établissement et sur la foi duquel ils ont entrepris, chacun dans sa sphère, leur œuvre de colonisation.

M de Lamotte demande en outre, que les Colons, désignent quelques uns d'entre eux pour étudier leurs revendications.

Cette commission établira les Cahiers des Colons. La Commission, une fois en possession de tous ces renseignements, les condensera, puis convoquera une nouvelle Assemblée générale des Planteurs. Le texte définitif des cahiers sera définitivement arrêté à cette réunion.

Alors ces cahiers seront adressés aux Pouvoirs publics afin de les éclairer sur la situation qui est faite aux Agriculteurs Européens et Indigènes de l'Indo-Chine et de leur faire connaître nos revendications.

Si cette démarche demeurait sans effet, la question du rachat s'agiterait utilement alors. Le Gouvernement de l'Indo-Chine serait mis en demeure de tenir les promesses d'autrefois ou de renoncer à toute colonisation.

Vifs applaudissements.

Une Commission est désignée en vue de préparer la rédaction des cahiers des Colons.

Elle est composée de MM. Chesnay, Courret, de Lamotte, Laumonier Piglowsky et Roüet,

Sur la proposition de M. Bernard, l'Assemblée décide à l'unanimité a création d'une caisse pour la défense des Colons.

Cette caisse sera alimentée par une cotisation de deux piastres par Colon adhérent, et aussi par les dons volontaires.

Une première collecte est faite aussitôt parmi les assistants.

Elle produit la somme de 66 piastres.

M. Roüet est nommé Trésorier.

M. le Président exprime à l'Assemblée sa satisfaction profonde de la belle tenue et de l'entente complète de cette réunion. L'accord parfait établi parmi les Planteurs ; qu'ils persévèrent sans défaillance, le succès de l'œuvre commune dont ils viennent de poser les bases aujourd'hui est assuré.

Il remercie également, au nom de tous, les Chambre de Commerce de Hanoi et d'Agriculture du Tonkin d'avoir bien accueilli les Planteurs dans leur immeuble.

La séance est levée à onze heures et demie du soir.

Le Secrétaire,
SCHALLER.

Le Président,
CHESNAY.

DEUXIÈME ASSEMBLÉE GÉNÉRALE

DES PLANTEURS DU TONKIN

Procès-Verbal

Lundi, 18 Décembre 1906, les Planteurs du Tonkin, dûment convoqués par lettres individuelles, se sont réunis dans la salle des séances des Chambres d'Agriculture et de Commerce, Avenue Borgnis Desbordes, 31, à Hanoi, à huit heures et demie du soir.

95 Colons avaient répondu à l'appel de la Commission.
23 étaient présents :
72 étaient dûment représentés.

Le bureau est constitué. M. Chesnay, Président.

MM. Courret, Charles Guillaume, de Lamotte, Piglowsky, assesseurs, Roüet, Secrétaire. MM Laumônier et Schaller, absents, excusés :

M. le Président souhaite la bienvenue au nom des Planteurs du Tonkin à MM. Canavaggio, Vice-Président de la Chambre d'Agriculture de Cochinchine et délégué au Conseil supérieur de l'Indo-Chine, et Jeantet, rédacteur en chef du Journal, l'Opinion, de Saigon. Ce dernier donne lecture d'un télégramme émanant d'un groupe de Planteurs de Cochinchine.

M. Roüet lit à son tour un autre télégramme envoyé par plusieurs Planteurs de Gocong, en Cochinchine.

Tous expriment leur adhésion à l'initiative des Colons du Tonkin.

L'ordre du jour appelle alors l'approbation du texte définitif des Cahiers des Colons, dont la rédaction a été confiée à une commission composée de MM. Chesnay, Courret, de Lamotte, Laumônier, Piglowsky et Roüet.

M. Courret rapporteur en donne lecture à l'Assemblée qui l'adopte à l'unanimité:

Le magnifique élan qui, de 1892 à 1896, poussa vers le Tonkin tant d'hommes énergiques qui contribuèrent si largement à la pacification du pays et repeuplèrent des régions dévastées par un long cycle de troubles, cet élan aboutit aujourd'hui à la déception et à la ruine.

La faillite de la Colonisation Agricole au Tonkin est signalée pour la première fois en 1900. Depuis cette époque, en effet, nous voyons la situation changer de face, s'aggraver de jour en jour malgré les doléances des Colons, pour arriver aux découragements révélés dans la séance tenue le 3 Septembre par l'Assemblée des Agriculteurs du pays.

La faillite de la Colonisation Agricole au Tonkin, est elle un fait acquis ?

Non, si l'on considère les résultats qu'il est possible de tirer de la fécondité du sol dans un pays dont le climat très spécial ne participe franchement ni de la zône tropicale ni de la zône tempérée, et sur lequel un nombre restreint de cultures paraît seul destiné à prospérer.

Oui, sûrement, si l'on envisage les entraves sans nombre qui arrêtent nos Colons, les inconséquences continuelles et ruineuses auxquelles ils sont en butte de la part d'une Administration sans esprit de suite, sans méthode et, souvent aussi, sans bienveillance.

Il est certain que l'immense domaine acquis depuis 1870 nous a trouvés sans préparation et sans éducation coloniale. Les systèmes les plus divers ont été successivement mis en pratique sans que les Ministres qui, de France, prétendaient diriger nos Colonies, se doutassent du trouble que pouvaient apporter ces changements continuels. De chacune de ces méthodes disparates il est resté quelque chose qui, à la longue, a formé ce tout bizarre, sans cohésion et régi par des lambeaux de nos lois françaises qui forment aujourd'hui la règle coloniale. Car, la mégalomanie outrancière qui nous porte à trouver inimitable tout ce que nous faisons, nous a poussés à bouleverser les traditions des peuples, à effacer brusquement leur passé séculaire, pour leur donner des lois dans la douceur desquelles ils ne voient que faiblesse, et dont les sanctions ne les atteignent ni au moral, ni au physique puisqu'elles constituent, le plus souvent, une amélioration très accentuée de leur état normal.

Pour le Colon seul, la tradition française est restée immuable. Nos compatriotes demeurés dans la Métropole se figurent toujours que les hommes qui s'expatrient ainsi sans être solidement reliés à l'Administration ne peuvent appartenir qu'à une catégorie sociale « ayant fini de bien faire » en Europe.

Les pouvoirs locaux ayant tout intérêt à voir s'accréditer la légende se sont bien gardés de montrer combien de médecins, d'ingénieurs, d'explorateurs, d'officiers de grade élevé, d'industriels, de jeunes gens sortis de nos grandes écoles et d'hommes portant les plus grands noms de France, composaient la belle phalange des Colons fixés en Indo-Chine, et combien de capitaux tous ceux-là avaient apporté dans la Colonie. Ne fallait-il pas rabaisser le Colon pour lui enlever toute la confiance de ceux au milieu desquels il vivait, de ceux à qui il donnait des moyens d'existence, alors que l'Administration n'intervenait par ses exigences que pour écorner leurs ressources.

Toute la haine de l'Administration contre le Colon est en ces quelques lignes.

* * *

Les premiers Colons qui s'installèrent sur leurs concessions furent très bien accueillis par la population disséminée un peu partout ; les villages de ces régions étant pour la plupart abandonnés. Avec son sens très pratique lorsqu'il s'agit de tirer un profit quelconque l'Annamite comprit, en voyant s'élever des constructions durables, que c'était de la sécurité et de la protection qu'on lui apportait, et avec elles, le moyen facile de ramener vers le foyer déserté les familles alors éparses dans les provinces pacifiées.

Dans certaines parties du Delta, le peuplement des concessions fut presque immédiat : dans d'autres, il fallut recruter un peu partout des familles pauvres pour constituer les villages des nouveaux domaines. La mise en valeur des rizières abandonnées devait servir de base et couvrir les frais généraux de ces exploitations, en attendant le résultat de cultures plus rémunératrices et dont, faute d'indications précises, il fallait, très prudemment, tenter l'expérience.

Ce programme très rationnel conduisit tout naturellement au métayage depuis très longtemps pratiqué chez l'Annamite et qui, permettant de mettre rapidement en rapport les vastes étendues concédées, mettait pour ainsi dire, en réserve, la main-d'œuvre abondante que les cultures riches exigeraient par la suite.

A quelques variantes près, les bases des contrats de métayage entre Colons et indigènes furent sensiblement les mêmes. Le Colon remettait à l'indigène un nombre d'hectares proportionné au nombre de buffles dont il prenait charge, puis des avances en argent pour construire son habitation, acheter ses semences, ses outils et faire face aux besoins de la famille jusqu'à la récolte. En retour, l'indigène versait au Colon un nombre de paniers de riz équivalant au quart ou au cinquième de la récolte totale du dixième mois et conservait complètement pour lui toutes les récoltes de la saison sèche : patates, maïs, ricins, haricots et même du riz, si le terrain s'y prêtait. Ces contrats, calqués sur les arrangements annamites, étaient infiniment plus avantageux pour les métayers que ceux qu'ils auraient pu passer avec leurs compatriotes et leur laissaient une part beaucoup plus large d'autant que les récoltes de la première et parfois même de la deuxième et de la troisième année leur étaient généralement abandonnées par le Colon. Il va sans dire que ces avances n'étaient jamais productives d'intérêts.

Grâce à ces arrangements, les premiers concessionnaires connurent quelques années heureuses; les familles nouvelles remplissaient leurs engagements avec assez de régularité, sachant les Colons soutenus par les Chefs des provinces devant lesquels les différends étaient portés et tranchés, par une juridication peu coûteuse dont les sanctions étaient immédiates.

Jusque là tout allait pour le mieux, et l'on pouvait augurer les meilleurs résultats pour la Colonisation Agricole, lorsque la situation changea subitement avec la substitution de la justice des Tribunaux français à la justice des Tribunaux résidentiels. A cette population sans état-civil et impossible à atteindre sans le concours des Mandarins et des Administrateurs, que l'on écartait inconsidérément, l'on décidait non seulement de lui appliquer nos lois si compliquées, mais, chose plus ridicule encore, de les faire exécuter par les Officiers ministériels n'ayant aucun moyen d'action, et ne connaissant ni les mœurs ni la langue du pays.

A l'injonction du mandarin succédait l'invitation de l'huissier à laquelle on apprit bien vite à se soustraire en voyant le peu de risques courus. La complicité des habitants d'un même village étant constante, il suffisait d'abandonner pendant quelques jours la maison et y revenir aussitôt l'huissier disparu.

En regard des pénalités annamites si inflexibles et si nettes, mais qu'il fallait à ce peuple, la douceur de notre législation appliquée par des juges faibles à l'excès, apparut à tous comme une concession faite au peuple soumis. Nos métayers nous tâtent, leur attitude change partout, et, une fois notre impuissance bien constatée, l'héréditaire mauvaise foi de l'indigène se donne libre cours. D'accord avec ceux qui restent, sur les concessions,les plus hardis,après avoir renvoyé leurs familles dans leurs villages d'origine, et vendu la récolte, désertent nuitamment en enlevant nos bestiaux et nos outils. Avec les autres, une lutte commence au cours de laquelle l'esprit inventif et *cruel* de l'Annamite se montre au grand jour, et le Colon, maintenant isolé, se noie au milieu de mensonges, de combinaisons et de traitrise que ne pourrait inventer un cerveau d'Occident. Le bétail est empoisonné ; les buffles sont loués, vendus, changés ou perdus ; de nuit, des hommes se réunissent dans les rizières prêtes à couper, égrènent les épis et ne laissent que les tiges ; plus loin, on coupe les diguettes pour assècher le champ. Les planteurs qui s'occupent de cultures riches ne sont pas plus épargnés avec leur main d'œuvre si souvent renouvelée ; le café est volé la nuit sur les sèchoirs ou le jour sur les plantations, puis revendu aux innombrables épiciers chinois marrons qui pullulent dans la Colonie. Qu'il s'agisse de métayage ou de culture directe, les outils, le matériel agricole, les produits du sol sont détruits ou volés, et le Colon que l'on ne voit plus soutenu devient l'intarissable vache à lait dont vivent tous ceux qui l'approchent.

Au temps déjà regretté où les Résidents rendaient la justice, ces délits étaient réprimés en quelques heures et, grâce au concours de la garde indigène, toujours renseignée et en éveil, les coupables ne tardaient pas à être livrés aux mandarins.

Devant l'exode qui s'accentue et les déprédations incessantes dont ils sont victimes, les Colons sont dans l'obligation de porter leurs doléances devant la justice nouvelle.

Les magistrats chargés de l'examen de nos affaires ne sont pas toujours préparés aux mœurs et aux coutumes d'un pays dont ils ignorent la langue ; toutes ces choses pourtant indispensables leur sont par le fait inutiles, puisqu'ils ne doivent juger que strictement d'après les lois françaises.

Les jeunes magistrats, arrivés de la métropole et ignorant tout de leur métier, ou les vieux magistrats venus de nos Colonies pénitentiaires, ne voient le Colon que sous l'angle très spécial du mercanti. Nos contrats sont épluchés, retournés : tous sont *léonins* et aucun ne trouve grâce devant leurs yeux ! Les conditions faites sont pourtant assez douces pour faire envie à nos métayers de France. N'importe...

L'hypocrisie de l'Annamite, les marques excessives d'humilité qu'il prodigue, ses larmes même, si faciles à répandre, conquièrent rapidement le juge. A voir ces gens si misérables si prostrés, comment hésiter et ne pas croire à la férocité de l'engagiste et à sa mauvaise foi ! Quoique revêtus des cachets des autorités administratives de la province, ces contrats n'ont-ils pas été arrachés par la violence à ces malheureux ? Autant de conjectures qui se retournent contre le Colon, malgré toutes les évidences et, souvent, malgré tous les aveux !

Si, encore, le désir de concilier existait chez les juges, Mais non, c'est lettre morte pour eux, et bien des contestations qui se termineraient facilement devant un juge impartial et porté de bonne volonté, passent directement aux mains des huissiers et des avocats pour lesquels la clientèle annamite " *à fortes provisions* " n'est certes pas à dédaigner.

Retenu sur son domaine où la surveillance doit être incessante, le concessionnaire se voit obligé de confier ses intérêts aux avocats.

Déjà, les constats, les citations ont été très onéreux puisqu'il a fallu déplacer les huissiers qui jouissent, en Indo-Chine, de vacations plus fortes et d'un tarif plus élevé que dans la métropole. Enfin, au jour de l'audience et quelle que soit la somme à récupérer, le colon aura déboursé en frais, provisions etc, entre 80 à 100 piastres, c'est-à-dire de 200 à 250 francs !

L'on pourrait croire l'affaire terminée ? Pas le moins du monde.

Neuf fois sur dix l'indigène fait défaut et, comme il n'existe pas d'état-civil, que la plupart du temps les déclarations faites sont mensongères et qu'il est impossible de savoir sous quel nom nouveau et sur quelle nouvelle concession l'adversaire s'est acheminé pour faire des dupes nouvelles, l'affaire n'a plus aucune suite et le Colon n'a plus qu'à ajouter aux pertes directes, celles auxquelles la procédure nouvelle a pu l'entrainer.

Si l'autre alternative se présente, et que le métayer, plus audacieux, se rende à la convocation du Tribunal et soit condamné, le concessionnaire se trouve en présence d'un individu, sinon insolvable, du moins très fermement décidé à ne pas rembourser. Car, une condamnation n'a rien d'infamant et ne blesse point l'amour-propre annamite : bien mieux, la prison est un lieu de repos où, assuré de la pitance, il peut passer quelques mois de tranquillité.

Dans un article publié le 18 Août 1906 par le " *Courrier d'Haiphong*, " l'auteur, en établissant le décompte des frais que devait engager le Colon pour poursuivre aujourd'hui les métayers qui manquaient à leurs engagements, et, en prenant comme moyenne, une avance de 30 $ faite à l'engagé, arrivait à cette conclusion stupéfiante, mais, par malheur, trop exacte, qu'il failait, pour n'aboutir à aucun résultat pratique, débourser, en frais de justice, de timbre, d'huissiers et d'avocats, près de *six* fois la somme emportée par le métayer !

Si tout est si coûteux et si compliqué pour l'Européen, en revanche, lorsque l'Annamite s'adresse à cette même justice, contre nous, il n'a qu'à se présenter au Président du Tribunal, le greffier assigne *sans frais*, le jugement est exécuté, *sans frais*. Il arrive alors que l'indigène, au courant de cette différence de traitement que rien ne justifie, n'hésite pas à assigner l'Européen dans l'unique but de lui faire faire des dépenses inutiles.

L'on peut, dans ces conditions, se rendre compte des pertes qu'un Colon est appelé à subir quand, sur les 4 à 500 métayers que doit posséder une concession d'importance moyenne, il lui faut en poursuivre, trente, quarante ou cinquante, à raison de 200 francs chaque. Quelle affaire agricole pourrait résister à des pertes aussi sensibles, rien qu'en frais de justice, sans préjudice des pertes d'avances faites et de redevances non versées ?

Placés dans une situation aussi intolérable, les colons ont souvent protesté auprès des Pouvoirs Publics. La réponse derrière laquelle se réfugie l'Administration reste la même : « Nous sommes là « pour faire exécuter les lois promulguées dans les colonies, faites-« les changer si elles vous gênent ».

Dans toute autre colonie étrangère l'on dirait : « Ces lois vous gênent, nous allons les modifier.»

Le Colon, ne voyant désormais dans ces poursuites qu'une diminution très sensible de ses ressources, en est arrivé à subir passivement tous ces vols et ces déprédations qui ont réduit ou ruiné toutes les exploitations et amené le découragement profond qui se manifeste aujourd'hui.

Dans la réunion du 3 Septembre, nos Colons convaincus que toute réforme radicale était impossible ont demandé comme pis-aller le retour à l'ancienne juridiction, retour qui serait logique, le Tonkin étant pays de Protectorat et la justice métropolitaine n'ayant lieu d'exister que dans les concessions françaises de Hanoi, Haiphong et de Tourane. En réalité, le régime que nous subissons même dans ces deux villes est, illégal et viole les traités. Puisque l'ordonnance royale du 3 Octobre 1888 érigeant en concession française ces trois villes, n'a jamais été ratifiée par une loi, ainsi qu'elle aurait dû l'être, et que, de ce simple fait, tous les arrêts, tous les actes administratifs pris ne sont pas seulement contestables, mais constituent autant d'illégalités. L'Annamite ne doit relever que de la justice annamite et dans le même esprit, le Français établi dans la Colonie, que des tribunaux consulaires ou résidentiels. Il est de toute évidence que nos résidents sont plutôt que nos magistrats dont la carrière s'exerce dans toutes nos Colonies, capables de juger nos affaires avec les indigènes puisque, avec la connaissance de leur caractère que n'ont pas nos juges, ils possèdent mieux que ces derniers les moyens de réprimer les délits, malgré la suppression des châtiments corporels, les sanctions étant assurées grâce au concours des mandarins dont ils disposent. Après cette première illégalité commise au détriment des Français de l'intérieur, le service judiciaire, dans le but de se créer une puissance assez forte pour contrebalancer celle des chefs de provinces, en a commis une segonde en s'emparant de la justice indigène et en créant cette 4e chambre devant laquelle passent maintenant tous les jugements rendus dans les Provinces.

Là, comme dans toute la nouvelle organisation judiciaire, le souci de s'attirer l'Annamite, si processif, s'est surtout manifesté. Aussitôt le jugement rendu par les mandarins, revisé par la Cour, des interprètes stylés informent l'indigène qu'il a trois jours francs pour se pourvoir, sans bourse délier. Pas un n'hésite, aussi coupable soit-il, escomptant l'ignorance ou la fausse interprétation des textes par nos magistrats français, les mandarins qui siègent à cette chambre ne s'y rendant que pour la forme.

A l'heure actuelle, et pour prouver son utilité, la 4e Chambre réforme, casse, acquitte à tort et à travers, sans s'inquiéter du mal qu'elle fait au principe de la justice dans le pays.

Les arrêts les plus bizarres, les plus déconcertants, stupéfient d'autant plus nos mandarins que leur procédure diffère souvent du tout au tout de la nôtre.

Autrefois, l'Annamite n'en appelait que très exceptionnellement, et il fallait que le condamné fût absolument sûr de son droit pour aller jusqu'à Huê pour demander de nouveaux juges. Maintenant, à la surprise des mandarins, tous les jugements provinciaux sont soumis à la cour d'appel et, grâce à ce moyen, un grand nombre de gens reconnus coupables, des bandits parfois dangereux sont acquittés, malgré les présomptions admises par le code Annamite. Revenus dans leurs villages, ces malandrins terrorisent les habitants qui ont déposé contre eux et, assurés de l'impunité par cet acquittement, exercent les pires vengeances ; nombre d'incendies n'ont pas d'autre cause.

Depuis la création de cette organisation judiciaire, la criminalité a augmenté dans d'énormes proportions, bien que l'on n'en connaisse qu'une très faible partie, car personne, maintenant, n'ose dénoncer les coupables, par crainte de représailles.

Parmi les mandarins qui voient le mépris des lois grandir de jour en jour, et leur autorité disparaître, le découragement est profond. La plupart d'entr'eux ne cherchent plus à rendre la justice suivant les règles du code annamite, mais s'évertuent à trouver, au moyen de quels textes ils pourront se rapprocher de la mentalité de la Cour, afin de ne pas voir casser leurs arrêts et perdre ainsi la face auprès de leurs administrés. Les Résidents eux-mêmes, quoique devenus de simples agents de transmission, atteints par les coups de boutoir de cette 4e Chambre, hésitent à lui envoyer des jugements réguliers, dans la crainte d'être blâmés et de nuire ainsi à leur avancement.

D'après ce qui précède l'on devine le désarroi qui règne actuellement au Tonkin dans le service judiciaire annamite placé au mépris des traités sous la férule de nos magistrats, et il est regrettable de constater que nos gouverneurs, appelés à voir les choses de trop haut, n'aient su endiguer et réduire à de justes proportions les visées ambitieuses d'une magistrature qui sombre sous ses fautes, et qui n'a réussi qu'à desservir la cause de la France en détachant de nous nos plus fidèles auxiliaires.

Nos Colons demandent le retour à la légalité et au respect des traités,non seulement dans l'intérêt des particuliers, mais dans l'intérêt de la colonie entière et de l'influence française en Indo-Chine; l'organisation judiciaire actuelle a fait faillite; elle aussi, en entraînant la leur.

On ne saurait, en France, leur refuser satisfaction.

Parmi les vœux exprimés dans la réunion du 3 Septembre, il faut signaler la suppression des gardes-champêtres dans les concessions.

Cette création, conséquence de l'ingérence de la magistrature dans les provinces, n'a donné, comme il fallait s'y attendre, que de déplorables résultats. Chargé de faire lui-même le recrutement des gardiens de ses propriétés, le Colon ne possédant aucun moyen de contrôle, s'est trouvé dans l'impossiblité d'y pourvoir convenablement. et à dû prendre à son service les indigènes qui se présentaient. C'est à ce dangereux recrutement que l'on doit la plupart des délits commis sur les concessions, ainsi que le crime de Thach-Loi, où M. Wurtzbacher, agent de MM. Gobert, trouva la mort.

Aujourd'hui que la plupart des concessionnaires se sont créés une famille, il importe d'assurer leur défense et celle de leurs domaines si souvent éloignés de tout voisinage efficace et de tout secours. Le retour aux pratiques en vigueur, lorsque le Protectorat s'attachait à leur réussite, s'impose donc ; comme autrefois, les colons demandent que leurs gardiens soient recrutés par les chefs des provinces, seuls capables de s'entourer de toutes les garanties. Ce retour vers le passé est d'autant plus facile que l'entretien, la solde et l'armement de ces hommes restent à la charge du concessionnaire.

Si le service judiciaire a fait du mal à la cause française, la Direction des Travaux publics, dans ses rares essais d'irrigation, a voué à la ruine les provinces où il lui a été donné de faire des travaux de ce genre.

Comment en serait-il autrement lorsque nous voyons des conducteurs débarqués de France, il y a six ou sept ans, devenus rapidement ingénieurs de 1re classe et élaborer des projets de travaux auxquels rien ne les avait jusque-là préparés. Dans une région aussi difficile que le Delta Tonkinois, il aurait fallu attirer des spécialistes de valeur, et le magnifique programme d'irrigations exécutés à Java, dans l'Inde, au Siam. et en Egypte nous indiquait la source à laquelle il fallait aller pour trouver des maîtres expérimentés dans ce genre de travaux. Mettant tout amour-propre national de côté, ces étrangers auraient conçu des projets pratiques et raisonnés, tandis qu'à l'heure même d'un emprunt, basé sur ce programme, nous nous demandons quels désastres se déchaîneront plus tard sur le pays.

La défense de Hanoi contre les crues estivales du fleuve Rouge contitue l'un des plus beaux chefs-d'œuvres de ce service. Incapables de défendre cette ville, les Travaux Publics on décidé que la solution la plus simple était de détourner, lors des crues, une partie des eaux du fleuve dans les provinces de Vinh-Yên et de Phuc-Yên qui comptent une population de plus de 500.000 habitants.

Depuis dix années que les Travaux Publics ont trouvé ce moyen de sauvegarder Hanoi des inondations, six fois ces provinces ont été ravagées, six fois la population a vu ce torrent destructeur emporter ses maisons, ses bestiaux, et faire de nombreusses victimes. Le même fait se produit, d'ailleurs, chaque fois que Hanoi est menacé ! Si l'Annamite a des défauts qui, parfois, le rendent détestable, si sa mauvaise foi est proverbiale, il faut avouer que sa mansuétude et sa patience atteignent, dans certains cas, les sommets les plus élevés de la résignation.

Les Travaux Publics n'ignorent pas cette passivité, aussi n'hésitent-ils jamais à tenter les expérieuses les plus fantaisistes, sachant qu'aucun réclamation ne se produira du côté des indigènes, qu'aucune responsabilité pécuniaire ne les atteindra et les obligent à réparer avec leurs ressources personnelles le mal qu'ils auront fait par leur ignorance et leur légèreté.

Quant aux Colons qui, dans ces deux seules provinces ont déjà englouti près de deux millions, l'on ne s'en soucie pas plus que des Annamites et la plupart d'entr'eux sont à deux doigts de la ruine.

Dans d'autres provinces, comme celles de Hung-Hoa et de Phu-Ly, des travaux mal étudiés causent tous les ans des pertes considérables.

Comme le service judiciaire, celui des Travaux Publics a voulu agrandir son champ d'action. Lorsque les Résidents étaient encore quelque chose dans leurs Provinces, l'entretien des routes et des digues leur incombait. Quelques-uns ont crée un réseau magnifique comme celui de la Province de Sontay, dont les routes furent même empierrées. Pour les digues, les indigènes, beaucoup plus aptes à ce travail que nos ingénieurs, les réparations s'exécutaient régulièrement et presque sans frais : car, à cette époque, les digues étaient véritablement protectrices. Par malheur, toutes les provinces jouissaient tous les ans d'un crédit qui échappait à la caisse des Travaux Publics et dont ce service aurait préféré avoir le maniement. Après avoir obtenu satisfaction, les routes et les digues furent délaissées, et les fonds qui y étaient affectés servirent à des travaux différents. C'est ainsi que, depuis cette époque, les routes sont abandonnées et que la circulation est devenue impossible à peu près partout, sous prétexte que les chemins de fer donnent une satisfaction suffisante aux besoins de la Colonie ! Quant aux digues, les catastrophes qui se sont produites depuis que les Résidents intéressés à sauvegarder leurs provinces n'ont plus à s'en occuper, indiquent suffisamment combien a été néfaste la décision arrachée par les Travaux Publics à la faiblesse de nos Gouverneurs.

Ce service, entre les mains duquel passent la presque totalité des fonds de nos emprunts et de nos ressources budgétaires, jouit de toutes les immunités, à telles enseignes que MM. les Inspecteurs des Colonies qui font, chaque année, de longs et coûteux voyages pour constater quelques erreurs insignifiantes dans les maigres caisses des autres services, n'ont jamais encore osé s'attaquer à ce gros morceau plein de surprises et de contrats stupéfiants !

Le vol récent de 80.000 $ (237.000 francs) ; qui vient d'être commis par un des employés de ce service, indique suffisamment le désarroi et l'incurie qui règnent dans cette Administration.

Le corps des Administrateurs-Résidents de nos provinces a été, mais est surtout très malmené par l'opinion à l'heure actuelle. Les fonctionnaires qui, après la conquête, furent chargés d'organiser les provinces, étaient d'anciens officiers, des médecins et des fonctionnaires venus de Cochinchine qui connaissaient bien l'Annamite et, ayant mis la main à la pâte, n'ignoraient pas les difficultés à surmonter. Chez la plupart d'entr'eux, nos Colons trouvèrent des hommes bienveillants et animés d'un bel esprit de solidarité envers leurs compatrictes ; ces fonctionnaires d'élite ont disparu petit à petit.

Les nouveaux venus n'ont su pour la plupart acquérir aucune de leurs qualités, car l'Ecole Coloniale ne paraît avoir créé jusqu'ici que le " *fonctionnaire pontife.* "

" Il est temps de réagir et de prendre les mesures nécessaires pour enrayer le mal.

C'est, en suivant cet ordre d'idées, et, en supposant que la Métropole veuille revenir à l'ancien état de choses, que les Colons ont été amenés à demander, sinon de faire partie du Conseil des Notables dans leurs Provinces, du moins d'une Commission Consultative, où ils seraient, de même que les indigènes, appelés à donner leur manière de voir, dans toutes les questions qui ne confineraient ni à la politique, ni à la direction générale de la Province. On ne saurait, en effet, admettre que les Colons puissent être placés sur un pied d'infériorité et que, disposant de très gros intérêts et, souvent, d'une connaissance très sûre des intérêts et des besoins de la Province, ils ne puissent, comme l'indigène, formuler leur opinion. Avec les changements si fréquents dans l'Administration de nos

Provinces, les Colons seraient de précieux conseillers pour les Résidents, et il n'est pas douteux qu'une confiance réciproque, qui n'existe pas aujourd'hui, résulterait de cette collaboration à l'intérêt général.

Dans le cas où le Protectorat, pour un motif dont il lui serait difficile d'expliquer le bien-fondé, n'accepterait pas la création de cette Commission, nos Colons demandent qu'en cas de conflit avec le Chef de la Province, pour des affaires concernant leurs intérêts, une Commission composé d'un nombre égal de fonctionnaires et de Colons, soit appelée à se rendre sur place, et, après avoir examiné le différend, en transmette le résultat au Résident Supérieur qui statuerait.

Cette création maintiendrait les fonctionnaires provinciaux et les empêcherait de commettre les actes d'arbitraire auxquels ils sont parfois enclins : d'autre part, le Colon réfléchirait à deux fois avant de porter ses griefs devant ces arbitres, et ne le ferait que lorsque son bon droit serait absolument avéré.

* * *

Lorsqu'après avoir dépensé des sommes parfois considérables, si le Colon, soit par le fait d'une gêne momentanée, soit qu'il veuille créer de nouvelles améliorations sur son domaine, s'adresse au seul établissement de crédit que possède la Colonie, ce dernier lui oppose une fin de non recevoir basée sur ses statuts.

C'est la ruine ou l'attente.

Or, cette même Banque qui refuse d'aider un Colon dont la propriété a toujours une valeur très supérieure à celle de l'emprunt qu'on lui propose, et dont répondent très amplement les récoltes en cours, cette même Banque prête sur récolte aux villages indigènes. Là, comme en toutes choses dans notre Colonie, l'Annamite possède tous les avantages refusés au Colon.

Il est vrai de dire que l'opération faite dans ce cas par la Banque de l'Indo-Chine est également une opération pour le Protectorat, puisque ce dernier, à titre de ducroire, touche une Commission de 2 o[o sur les sommes avancées. Or, la responsabilité que comporte le ducroire est nulle, le Protectorat ne recommandant à son établissement financier que les villages dont le remboursement est assuré. Le Protectorat se décidant à faire acte de commerçant, l'on se demande pourquoi il n'agirait pas franchement pour son compte et ne toucherait pas, en outre, les six pour cent qu'encaisse la Banque en utilisant les fonds de la Caisse de réserve qui restent improductifs.

Moins bien pourvus que les indigènes auxquels va toute la bienveillance de nos Gouvernants, les Colons demandent que le Protectorat facilite la création d'une Banque Agricole, qu'il promulgue l'*Act Torrens*, déjà en vigueur dans différentes de nos Colonies, et dont M. Leygues vient de décider ces jours derniers l'application dans nos Colonies de l'Afrique Occidentale.

Le rapide aperçu de la situation qui vient d'être tracé permettra de faire comprendre l'importance que les Colons, réunis en Séance plénière, le 3 Septembre dernier, attachent aux vœux émis et votés à l'unanimité. Il indiquera aux pouvoirs Publics et aux personnes qui s'intéressent au développement et à la prospérité du Tonkin, le minimum des réformes qui leur sont nécessaires pour enrayer la ruine de leurs exploitations.

Après avoir poussé les Colons dans la voie où ils se sont engagés en apportant dans ce pays des capitaux dont le montant oscille entre 15 et 20 millions, le Protectorat a brutalement changé, dans un intérêt trop administratif et fiscal toutes les conditions, tous les avantages sur lesquels nos compatriotes s'étaient appuyés pour assurer leurs entreprises.

En émettant le vœu que le Conseil Supérieur de l'Indo-Chine soit tranformé en prenant pour modèle l'organisation des Délégations financières Algériennes, l'Assemblée Générale des Colons a affirmé sa volonté de voir cesser l'ère des scandales de toutes sortes qu'offre de plus en plus le régime Administratif actuel. En outre, l'Administration agit et parle au nom d'une population européenne et indigène qui n'a aucun moyen d'exprimer ses besoins ni de défendre ses intérêts économiques, elle n'est jamais consultée.

Le Congrès colonial de Marseille en 1906, semble s'être rendu compte de cette situation anormale en exprimant le vœu que l'on augmente la proportion des membres élus devant faire partie du Conseil supérieur de l'Indo-Chine et notamment de la Commission permanente.

L'Indo-Chine est acculée par le régime actuel à un déficit sans précédent, à la misère économique la plus profonde et à la désaffection la plus complète des indigènes. Le Gouverneur général reste seul contre la coalition Administrative sous toutes ses formes. Il trouverait dans les Délégations Indochinoises un précieux concours et une autorité morale appréciable, surtout dans ses rapports avec la métropole.

A défaut de ces réformes, et ainsi qu'il résulte du vœu final adopté par les Agriculteurs du Tonkin, toute entreprise de colonisation étant désormais impossible dans le pays, les Colons se verront contraints d'abandonner leurs exploitations et de demander comme le font dans des conditions identiques, les Colons Anglais établis au Congo, c'est-à-dire le rachat par la Colonie.

Il ne saurait y avoir d'autre solution pour nos Colons si, dans les délais les plus courts, le Protectorat ne parvient pas à leur rendre la situation trouvée à leurs débuts. Et, c'est sur cette question d'équité et de justice que nous attirons l'attention des pouvoirs publics et la sollicitude des personnes qui, en France, s'intéressent à la prospérité et à l'avenir de nos Colonies.

L'Indo-Chine est à cette heure à un tournant de son histoire, l'un des plus critiques.

Elle fait avec confiance un pressant appel à la Mère-Patrie.

Celle-ci, mieux informée de ce qui se passe dans notre Colonie, lui viendra-t-elle en aide, lui donnera-t-elle enfin le secours qui est indispensable à l'Indo-Chine pour recouvrer avec un régime plus libéral et mieux approprié aux choses locales, la prospérité et la grandeur en vue de développer en Extrême-Orient les intérêts de la France et des diverses nationalités indigènes soumises à son Protectorat. Nous l'espérons.

Sur la proposition de M. Courret, l'Assemblée décide à l'unanimité que le télégramme, ci-après sera transmis à M. le Ministre des Colonies à Paris et confirmé par le premier courrier :

« *Ministre Colonies,*

Paris.

« Planteurs Indo-Chine réunis séance plénière avant passer ordre jour, « envoient Ministre Colonies félicitations décisions prises sujets réduction « personnel, rétablissement équilibre budget Indo-Chine, expriment désir « continuer par suppression dépenses inutiles et abolition monopoles « paralysant développement Colonie. »

La motion suivante est également adoptée :

« Les Colons du Tonkin, réunis en Assemblée générale le 18 Décembre « 1906, expriment le regret de constater que, dans son discours d'ouver- « ture de la réunion du Conseil supérieur, M. le Gouverneur général « n'ait pas cru devoir faire la moindre allusion à l'œuvre de la Colonisa- « tion en Indo-Chine, semblant ainsi l'ignorer complètement. »

L'organisation d'un syndicat unissant tous les Planteurs de l'Indo-Chine est approuvée à l'unanimité.

Une commission composée de MM. Chesnay, Président, Courret, Vice-Président, de Lamotte, Dubosc et Marron, Membres, est nommée à l'effet de rédiger les statuts de la nouvelle association.

La séance est levée à minuit.

Le Secrétaire,
JEAN ROUET.

Le Président,
CHESNAY.

VŒUX ADOPTES

PAR

L'ASSEMBLÉE GÉNÉRALE DES PLANTEURS

DU TONKIN

DU 18 DÉCEMBRE 1906

1° . — Que le Conseil Supérieur de l'Indo-Chine soit réorganisé sur les bases des Délégations financières algériennes.

2° . — Obligation par le Protectorat de fournir la formule exacte suivant laquelle les contrats devront être passés entre Européens et Indigènes, de manière à éviter toute équivoque et tous malentendus et application de la législation indigène sur la matière, en faisant abstraction des peines corporelles.

3° . — Rétablissement de la responsabilité des villages vis à vis des Colons pour les indigènes, qui seront venus se fixer chez les Planteurs et auront été agréés par les notables.

4° . — Punitions très sévères pour les Indigènes qui entraveraient la liberté du travail.

5° Rétablissement des tribunaux résidentiels sous la forme de justices de paix dans les provinces du Delta où ils n'existent plus.

6° . — Suppression des gardes-champêtres dont le recrutement est impossible pour le colon, et rétablissement, comme autrefois, des linhs choisis par les Résidents, leur solde, à fixer, restant aux frais des concessionnaires.

7° . — Création d'une commission permanente composée, en nombre égal, de fonctionnaires et de colons qui aurait pour objet de se rendre sur place lorsque des griefs seraient articulés entre fonctionnaires et colons et de déterminer les dommages causés.

8° . — Application de l'Act Torrens.

9° . — Que le Protectorat, par l'intermédiaire de la Banque de l'Indo-Chine, consente aux Colons français les mêmes avantages qu'il consent aux indigènes.

10° . — Que les tribunaux résidentiels à restaurer soient présidés par l'Administrateur Résident de la province, ainsi qu'en sa séance du 4 Novembre 1906, la Chambre de Commerce et d'Agriculture de l'Annam en a émis le vœu, et non par l'Administrateur-adjoint, et qu'au Chef de la province soient adjoints deux assesseurs choisis parmi les notables français et indigènes de la province.

11° . — Que dans le délai maximum de deux mois qui suivra la demande de concession définitive adressée par le colon à l'administration, cette dernière le mette, s'il a rempli les conditions, en possession définitive de la concession provisoire obtenue.

12° . — Qu'un bureau obligatoire pour la traduction des actes en caractères, et l'inscription sur l'acte des sommes perçues pour les droits de traduction, soit créé. Cette façon de procéder supprimerait les erreurs résultant des mauvaises traductions.

13° . — Que la loi du 8 Décembre 1897 fixant les règles de l'instruction préalable en matière criminelle, soit rendue applicable en Indo-Chine.

LISTE DES COLONS

Ont adhéré 96 Colons dont :

4 Planteurs d'Annam ;
9 — de Cochinchine ;
83 — du Tonkin.

Les adhésions continuant, nous nous réservons de publier ultérieurement la liste complète des adhérents, après la constitution définitive du Syndicat des Colons d'Indo-Chine actuellement en préparation par les soins de la Commission spéciale nommée à l'Assemblée générale du 18 Décembre 1906.

www.ingramcontent.com/pod-product-compliance
Lightning Source LLC
LaVergne TN
LVHW010310230826
846091LV00007BB/2807

* 9 7 8 2 0 1 2 9 3 8 9 7 7 *